Alfred von Wurzbach

Karl Gutzkow

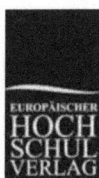

Wurzbach, Alfred von

Karl Gutzkow

ISBN: 978-3-86741-350-3

Auflage: 1
Erscheinungsjahr: 2010
Erscheinungsort: Bremen, Deutschland

Bei diesem Titel handelt es sich um den Nachdruck eines historischen, lange vergriffenen Buches aus dem Verlag Hartleben, Leipzig (1871). Da elektronische Druckvorlagen für diese Titel nicht existieren, musste auf alte Vorlagen zurückgegriffen werden. Hieraus zwangsläufig resultierende Qualitätsverluste bitten wir zu entschuldigen.

Carl Gutzkow

Zeitgenossen.

Biographische Skizzen von Alfred von Wurzbach.

VIII. Heft.

— • —

Karl Gutzkow.

Mit Portrait.

Wien. Pest. Leipzig.

A. Hartleben's Verlag.

1871.

I.

Karl Gutzkow erblickte am 17. März 1811 unter dem Zeichen des großen Kometen, als der Saft in der Rebe, die jenes Jahr berühmt gemacht, zu treiben begann, in Berlin in einer Umgebung das Licht der Welt, deren romantische Eindrücke auf den heranwachsenden Knaben und auf sein späteres Geistesleben nicht ohne Einfluß bleiben konnten.

In seinem Buche „Aus der Knabenzeit" schildert er selbst die Idylle seiner Jugendtage.

Sein Vater war Leibbereiter des Prinzen Wilhelm und bewohnte mit seiner Fa-

milie den Thurm des Akademiegebäudes,
das damals mit großen weiten Plätzen,
einzelnen alten Häusern und schaurigen
Schlupfwinkeln umgeben war. Das Ge-
bäude der Akademie selbst glich mit seinen dunklen Hallen und zahlreichen Irr-
gängen einem alten verzauberten Schloß,
das um so mehr Grauen einflößte, als in
einem Theile desselben sich auch die Anatomie befand. Dagegen herrschte in dem
geräumigen Hofe fortwährend ein geräusch-
volles, zuweilen auch lustiges Leben. Dort
war der Marstall des Prinzen; eine Reihe
glänzender Carrossen stand unter schützenden
Remisen. Diese eleganten Hofwagen mit
ihren bezopften und reichbetreßten Leib-
kutschern in altfränkischer, wunderlicher
Tracht fuhren ab und zu, und das mili-
tärische Geräusch der Leib-Uhlanen, welche
ihre Wache in dem Hofe hatten und zeit-
weise in ihrem soldatischen Schmuck Uebun-
gen vornahmen und Paraden abhielten,

verließ dem öben, abgelegenen Raume ein reichbewegtes Leben.

Es war natürlich, daß von all' diesen Vorgängen und Oertlichkeiten im Gedächtniß des Knaben manches hängen blieb, da er sie täglich vor Augen sah und beim Wandern nach der sogenannten „Klippschule" an ihnen vorüber mußte.

Aber enge Räume, eine beschränkte Häuslichkeit, eine getheilte Küche, Dienstverhältnisse und Lebenssorgen, kurz die ganze ärmliche Welt beschränkter Verhältnisse trat ihm zunächst entgegen. Mitten in ihnen stand Gutzkow's Wiege, mit dem ganzen Morgen seiner Jugend. Diese Jugend war nicht glänzend, nicht zukunftverheißend. Aber sie hatte den Reiz der Originalität, der durch den Nachklang des damals sich beendenden Krieges und vor Allem durch die Hantierung mit schönen, edlen Pferden erhöht wurde.

Nicht wenig gesteigert ward diese Ori-

ginalität durch seine Familienabstammung
aus dem Pommerlande vom Vater her.
Zu dieser hartnäckigen, unerschöpflichen
Nationalkraft — so unüberwindlich wie
die der Vendéer in Frankreich — gesellte
sich bei Gutzkow eine fast sanguinische
Reizbarkeit, die sich bald als eroberungs=
süchtiger, hochfliegender Ehrgeiz, bald als
höchst nervenzarte Empfindlichkeit äußerte.
Dieser Verein von urwüchsiger Kraft und
reizbarer Hitze ist psychologisch beachtens=
werth.

Gutzkow's Vater, seinem Handwerke
nach ein Maurer, der seine Vorliebe für
die schönen Pferde der königlichen Prinzen
bei jeder Gelegenheit freiwillig durch
Striegeln und in die Schwemme reiten
bethätigte, wurde dem Prinzen Wilhelm
von seinem Erzieher, dem Grafen Brühl,
selbst empfohlen, und Prinz Wilhelm, ein
gemüthlicher und bei den traurigen, zurück=
gezogenen Verhältnissen, in welchen der

Vater die eigene königliche Familie zu
leben zwang, in Bescheidenheit aufwach=
sender Jüngling, gewöhnte sich an den
ersten Pfleger seines neuen Marstalls, den
jungen pommerschen Dorfsohn, so sehr,
daß sie lebenslang sich nicht wieder aus
den Augen verloren.

Die ersten selbstständigen Reisen nach
Böhmen, Sachsen, Schlesien, der Feldzug
von 1806, der Rückzug und der Auf=
enthalt in Königsberg, die Freiheitskriege
und nach ihnen noch manches Jahr des
Friedens und des gerüsteten Manövers
hielten Herr und Diener — der eine in
Gnaden, der andere in Treuen — zusam=
men. Welche Fülle von Erlebnissen, deren
Erzählung und winterabendlich hundertfach
wiederholte Darstellung die Phantasie des
Kindes mit allen Zaubern der Fremde
und der buntesten Lebensbeziehungen er=
füllte!

Und wie mußte der Vater zu fabuli=

ren! „Du warst geboren," erzählte er oft,
„ein schöner Märztag im Kometenjahre.
Die Sonne schien auf's Bett der Mutter.
Sie wollte hinaus, so prächtig roch es nach
Hyacinthen und Frühjahr. Nach acht Ta=
gen war schon die Taufe. Neun Pathen,
der zehnte war der Prinz. Am Abend, da
der Secretär eine goldene Bescherung vom
Schlosse in die Wiege warf, ging's hoch
her. Bis in die Nacht wurde getafelt, ge=
sungen. Die Mutter wird aber krank. Da
bestellt der Prinz die braune Venus, eine
Stute, die er selbst gekauft hatte. Man
reitet eine Stunde. Der Prinz wendet sich
alle zehn Minuten um und will die Venus
gelobt haben ... Geht sie nicht superb?
... Hoheit, ein Punkt im Auge ...
Wetter, mit Eurem Punkt ... Weil ich
sie gekauft habe, hat sie einen Punkt im
Auge ... Sie wird blind werden, Hoheit!
... Ist nicht wahr! War ein armer Ritt=
meister, dem ich das Pferd abgekauft habe;

hat keinen Punkt ... Aber Hoheit ...
Hat keinen Punkt! Hättet Ihr das Pferd
gekauft, der Stallmeister und die Anderen,
dann hätte die Venus keinen Punkt. Nun
hab' ich einmal eingekauft, so soll sie einen
Punkt haben! ... Damit die Sporen ge=
geben, dann wieder innegehalten ... Bist
so traurig! Was ist? ... Hoheit ...
Der Junge gesund? ... Die Frau ...
Krank? ... Sterbenskrank ... Leibarzt
soll kommen. Und so lange sie stillt, soll
sie von meinem Tisch essen und meinen
Burgunder trinken!"

So wurde der Junge mit Milch aus
Prinzenkost getränkt und hatte in späteren
Jahren auf die bitteren Vorwürfe, wie
man bei solchen Verpflichtungen sich unter
den Turnern, den Demagogen, den Lite=
raten und „Gottesleugnern" betreffen
lassen konnte, kaum eine andere Antwort
als die: „Was kann man gegen so näh=
rende Muttermilch?"

Gutzkow schildert Vater und Mutter, den Pommer und die Berlinerin, drastisch. „Dem sanguinischen, leidenschaftlichen, aben=
teuerlich bewegten Charakter des Vaters," sagt er, „hielt das schalkhaft blitzende, freundlich lächelnde, grübelnd zweifelnde Auge der Mutter fast den Widerpart. Der pommersche Reitersmann hatte etwas vom Beduinen; immer sich tummelnd, immer unruhig, rastlos. Morgens mit der Sonne auf, im Gespräch das Ende vergessend und dabei doch Alles mit Umsicht und Eifer erledigend, ehrgeizig, schnell verletzt und leicht versöhnt. Sein Weib kam im Gegen=
theil von einem Princip der Stabilität her. Ihr Vater, ein Zuckersieder bei den Schickler'schen Entreprisen, der in den äußer=
sten Vorstädten wohnte, hatte von einer einzigen Frau achtzehn Kinder."

Der Knabe wuchs in einem bewegten Gewühl von Onkeln, Vettern und Basen auf. Fast alle waren Handwerker, die weit 'rumkamen, sich durchschlugen und dem harten Leben mit Schweiß und Mühe Tribut abrangen. Dagegen bot der Dienst des Vaters, die trauliche Nähe im Dienste eines Prinzen den glänzendsten Contrast. Die Sehnsucht nach Pracht und Glück, aber auch der Geist des Widerspruches gegen die Bevorzugung des Zufalls ward früh im jungen Kopfe rege. Daneben die Hörsäle der Anatomie mit den Secirtischen und den Medicinern, das bunte Treiben der Pferdejungen und Stallknechte — welche Welt der Gegensätze und schärfster Wirklichkeit! Wie oft drang nicht das Schreckenswort an des Knaben Ohr, daß dieser oder jener lustige Reiter im „Klinikum", an dieser grauenvollen Pforte des Lebens, wo der Tod statt der Sense eine chirurgische Säge schwingt, rettungslos darniederläge, daß sein guter Hektor, sein treuer Ajax ihm die Brust zerschlagen hätte!

Andererseits boten die Ausflüge nach
dem kleinen, hinter Pankow gelegenen
Schlosse Schönhausen, wo die fromme, in
Wohlthun sich gefallende Prinzessin Marianne ihre Villeggiatur mit ländlich-from-
men Festen sich schmückte, manches Ange-
nehme. Die Fürstin lud Alles, was jung
und frisch, besonders die Dorfkinder von
Schönhausen zu sich ein, und ließ sie mit
den eigenen Söhnen und Töchtern auf
einige Stunden Kameradschaft schließen.
Die Lakaien putzten natürlich den Bauern-
jungen erst die Nasen und die Kammer-
jungfern untersuchten die Mädchen, ob sie
ordentlich gewaschen und gekämmt waren.
Dann durfte der ganze Troß mit den größeren und kleineren Hoheiten an lang-
gedeckten Tischen frischgestrichene Butter-
semmeln schmausen, Milch trinken oder
Kirschen und Birnen essen. Es wurde
gespielt zwischen Arm und Reich, Gering
und Vornehm. Aber nur der wilde Reck-

sinn und Haschegeist tobte sich da bei dem vornehmen Blute aus; in Gutzkow, däucht uns, mag sich jene ihm eigene feine Satyre auf die in Glück gewiegten Classen da= mals zuerst geregt haben.

———

II.

Gutzkow's Vater gab auf Anregung
der Prinzeffin Marianne fein Gefchäft
als Roffebändiger auf und erhielt im
Kriegsminifterium einen kleinen Dienft.
Damit kam der Knabe aus der Sphäre
der Linden in jene obere Wilhelmsftraße,
die wegen der dort anfäffigen Einwanderer
aus Mähren fpottweife die Walachei ge-
nannt ward, und deren Doppelexiftenz,
oben die Weber, Schufter, Rafchmacher,
unten die Paläfte mit den Equipagen und
Lakaien auf den breiten Treppenrampen,
die Contrafte, welche die Kinderfeele auf=
genommen, nicht zu verwifchen geeignet
war; wie denn Berlin mit feinem Glanz

und seinem Proletariat, ohne gleich starke
Vermittlung eines tüchtig consolidirten
Bürgerthums, recht eigentlich eine Stadt
der Gegensätze gewesen.

Gutzkow ward zunächst Gymnasiast auf
dem Friedrichs=Werder im Jahre 1821.

Höchst fördernd für seine Ausbildung
wurde die Bekanntschaft mit einer wohl=
habenden Familie, die neben dem prinz=
lichen Marstall wohnte, Gutzkow und seine
einzige Schwester zu Spielgefährten ihrer
eigenen Kinder heranzog und, die Talente
des Knaben früh erkennend, dieselben auf
jede Weise zu fördern suchte.

Abgesehen von seinen außerordentlichen
geistigen Fähigkeiten, unermüdlichem Fleiße,
intelligenten Aeußerungen lenkte er als
zwölfjähriger Gymnasiast die Aufmerksam=
keit zunächst dadurch auf sich, daß er wegen
eines abgerissenen Anschlagzettels eines
Tages einen kleinen Straßenauflauf in
Berlin veranlaßte und eine halbe Stunde

2*

lang in dem schwarz-weißen „Schilderhause"
des Wachpostens am Seehandlungsgebäude
internirt wurde.

Er frequentirte die Hochschule in der
Absicht, bei Hegel, Gans, Schleiermacher 2c.
Philosophie und Theologie zu studiren,
aber damals schon war er entschlossen,
aus der Theologie kein Brodstudium zu
machen, obwohl er so weit kam, daß er
am Pfingstsonntage 1832 auf Schleiermacher's Kanzel in der Dreifaltigkeitskirche
— eine Predigt hielt.

Diese theologischen und philosophischen
Studien und die genannten Lehrer gaben
allen seinen späteren Arbeiten einen eigenthümlichen Charakter und einen lebhaften,
didaktischen Anhauch. „Wenn Schiller" —
bemerkt ein geistvoller Biograph Gutzkow's
— „Menschen und Dinge mit vorwiegend
historischem Blicke betrachtete, so sucht sie
Gutzkow in die Beleuchtung zu stellen, die
von den verschiedenen Anschauungen des

Christenthums, der neueren Philosophie,
der socialen Lehren ausströmt. Nicht äußer=
lich und willkürlich nimmt er diese Elemente
auf, sie sind von den Tagen her, als er
Hegel und Schleiermacher hörte, die Luft
seines Lebens geblieben. — In allen be=
deutenden Werken Gutzkow's kehrt die reli=
giöse Frage wieder. Sie durchdringt sein
Denken, sie bewegt sein Gemüth; in ir=
gend einer Verhüllung tritt sie überall
auf. Von der Ironie beginnend, durch
Zweifel und Hindernisse jeder Art sich
muthig hindurchschlagend, will sie eine
freie Höhe erreichen, wo vor dem Lichte
einer edleren und reineren Gottesvereh=
rung die Nebel des Irdischen, des an die
Kirche gefesselten Geistes zerstieben."
    Diese philosophischen und theologischen
Studien waren es aber auch, die in ihm
frühzeitig die goldenen Grundsätze zur
Reife brachten: „Die Meinungen, die man
Dir als Religion aufdringt, abzulehnen,

das eben sei Deine Religion," — dann „wirst Du nie in die leere Luft verzweifelnde Gebete entsenden und Bitten an das obwaltende Geschick richten um Abwendungen und glückliche Ausgänge, wenn Du Dich früher gewöhnt hast, die natürliche Folgerichtigkeit aller Deiner Handlungen als eines der ersten Attribute der Gottheit, ja als die waltende Gottheit selbst zu erkennen."

Noch ein wichtiger Umstand, der für Gutzkow's frühe Entwicklung und Reife von größtem Einflusse, scheint uns seine Stellung zum weiblichen Geschlechte gewesen zu sein. Das Verhältniß des Mannes zur Frau bleibt unter allen Umständen, wie das natürlichste, so auch das wichtigste. Es ist bekannt, daß einst Marcus Cato sagte: er halte es für einen größeren Ruhm, ein guter Ehemann, als ein großer Senator zu sein.

Ein Bekenntniß, welches Gutzkow in

dem früher erwähnten Buche einem Ju=
gendfreunde in den Mund legt, scheint
nicht ohne psychologischen Werth, und wir
wollen nicht unterlassen, es mitzutheilen.

„O, mein Freund," gestand ihm einst
ein wilder, blindlings den Frauen nach=
rasender Freund, „ich bejammere, was
ich von Phantasie, Glauben, Lebensmuth
und Lebenskraft an die Frauen verlor!
Ich hatte nie in der Nähe zarter, schöner
froher Mädchen gestanden, ich hatte nie
diese zauberische Berührung von Atlas,
Sammt und Seide empfunden, nie mich
gestreift an einem schönen Arme oder an
einem Handschuhe, der zierliche Finger
umschloß. Endlich erwachte im Jüngling
diese glühende, zurückgehaltene Sehnsucht
zum Weibe. Ich hatte das Wissen in sei=
nem schweren und nur halb belohnenden
Erwerbe hinter mir, nun wollte ich ein
höheres Licht, das wahre Leben, wollte
die Schönheit und das Herz ... wohin

führte mich der Taumel dieser Sehnsucht?
Es mag unglaublich klingen, aber es ist
wahr, ich suchte überall, wo nur ein Weib
mir begegnete, mein tiefes Bedürfen nach
weicher, schmiegsamer Hingebung, mein
tiefstes Hangen und Bangen nach dem
Geheimniß der glücklichen Liebe zu befrie=
digen. Ich liebte edle Mädchen, aber der
Roman des Hoffens und Werbens ent=
nervte, tödtete mich. Ich wollte besitzen.
Nicht besitzen um des flüchtigen Genusses
willen, nein, ich wollte den Edelstein des
Frauenzaubers selbst im Schutte suchen,
vor dem ich schauderte. Putz, selbst da,
wo keine Schönheit war, reizte mein Auge,
das in schönen Formen nie Kunde und
Uebung hatte. Ich fühlte das Bedürfen,
irgendwie dem Weibe nahe zu sein, irgend=
wie in diese Existenz einer anderen Welt
einzublicken, irgendwie in diesem so glück=
lichen, neutralen Principe in allen Alter=
nativen des Denkens und des Lebens mich

anzusiedeln. Wie ruht es sich so still an
einem Haupte aus, das allein nur an Dich
denkt, in diesem Augenblicke wenigstens auch
ihr Vergessen nur in Dir findet! Im
Doppelleben der Menschheit als Mann
und Weib liegt eines der Zauberworte,
das uns die Thür des Jenseits entriegelt.
Dies wollt' ich hören, belauschen, selbst
aus wilden und rohen Klängen abhorchen.
Wen lieb' ich nicht? Himmel, und doch
schlug selbst aus der Asche bemitleidens=
werther Frauen noch manchmal eine reine
Flamme auf, rührte mich und konnte mich
und sie auf Augenblicke heben. Ein der
Liebe reiches Herz bedarf der Liebe! Nein!
Hätt' ich als Knabe den schönen Frauen
und ihrem Sinne, der sich zu schmücken
liebt, näher gestanden, ich wäre vor den
trübsten Erfahrungen bewahrt geblieben.“
Liegt in diesem Stück Selbstbekennt=
niß des „jungen Deutschland's“ nicht eine
entschuldigende Erklärung für sämmtliche

mißlungene Frauengestalten Gutzkow's?
Kein Dichter hatte weniger Glück mit
seinen Frauencharakteren, keiner hat bei
so bedeutenden Erfolgen, die er mit Romanen und Dramen erzielt, das „ewig
Weibliche", den beseligenden Zauber der
Frauenseele weniger erfaßt als Gutzkow.
Wally, Seraphine, die Wellenbraut, die
Frauen in seinen sämmtlichen Theater-
stücken, von der psychologisch unmöglichen
Mutter Richard Savage's bis zu Liesli
herab, sind ohne Lebensfähigkeit, unbe-
stimmte, schemenhafte Verkörperungen einer
Idee, einer Grille des Dichters — aber
keine Frauen.

Erst in späteren Jahren gelang es
Gutzkow in den „Rittern vom Geiste" mit
Melanie, der d'Azimont, mit des Justiz-
rathes Schlurk's „gutem Hannchen" leben-
dige, warmempfindende Frauencharaktere
zu zeichnen, und ihnen nicht selten
mit wenigen Strichen mehr Leben einzu-

hauchen, als ehedem mit langem Schwulst
und nüchternen Versen. Aber psychologisch
schließen sich alle diese Frauen, an deren
Zeichnung die liebevolle Hand des Dichters sichtbar ist, mit logischer Consequenz
jenem Selbstbekenntnisse an, das sich in
ihrer Schöpfung und im Entwerfen von
Situationen offenbart, die nun, sei es
einer gemeinen Männereitelkeit, sei es
einer unbewußten Rückwirkung der Jugend-
erfahrungen, die Hauptstriche verdanken.
So lieben z. B. alle Frauen in den
„Rittern vom Geiste" unglücklich und
trauern ungehört den stolzen Männer-
herzen nach. Pauline von Harder sehnt
sich nach einem treulos gewordenen Ge-
liebten, Helene d'Azimont wird vom Prinzen Hohenberg fortgeschickt, Melanie seufzt
nach Dankmar, Louise Fisold hegt zu Ha-
kart eine unerwiderte Liebe, die Lobmer ist
vom Maler Heinrichson verlassen, die Fürstin Wäsamskoi und Olga, ihre Tochter,

nähren Beide zu Siegbert Wildungen,
Fräulein von Flottwitz endlich zu Dankmar eine unerwiderte Leidenschaft; mit
Paula und Lucinde aus dem „Zauberer
von Rom" und vielen anderen weiblichen
Gestalten Gutzkow's könnte dieses Ver-
zeichniß unglücklich Liebender vervollstän-
digt werden.

Im Jahre 1830, in dem Augenblick,
wo in der akademischen Aula zu Berlin
die Nachricht von der Flucht Karl's X.
und von der Juli-Revolution ihn elektri-
sirte und Gutzkow's ganze Geistesthätigkeit
plötzlich der unmittelbarsten Gegenwart
und den modernsten Angelegenheiten zu-
warf — in demselben Augenblicke rief
Hegel seinen Namen als Sieger über
sechs Mitbewerber aus; er hat mit der
Preisaufgabe De diis fatalibus diesen
Sieg davon getragen.

Doch hinderte ihn dieser Erfolg in der
Lösung einer von der philosophischen Fa-

cultät aufgeworfenen Frage auch nicht,
der begonnenen Laufbahn gänzlich zu ent=
sagen, und bestimmt von den Einflüssen,
die er in burschenschaftlichen Kreisen em=
pfing, war er entschlossen, sich auf das
Feld der Tagesliteratur hinauszuwagen.
Wie er selbst gesteht, hatte die erste Zei=
tung, die er an jenem verhängnißvollen
Tage gelesen, den Ausschlag gegeben.

Er begann auch sogleich selbst ein
Journal „Forum für Journalkritik" zu
schreiben und — die Kritik zu kritisiren.
Das Blatt mag viele Leser gefunden
haben, aber nur wenig Käufer, und aus
Mangel an Abonnenten ging das Unter=
nehmen in Kürze zu Grunde.

Mehr entwickelt zeigte sich bereits
Talent, Richtung und Styl in den ano=
nymen Briefen eines „Narren an eine
Närrin," Briefe über Alles und noch
Einiges unter einem Titel, wie sie da=
mals Mode waren, wo Kühne die „Qua=

rantäne im Irrenhause," Mundt „mo=
berne Lebenswirren, Briefe und Zeit=
abenteuer eines Salzschreibers" herausgab.

Was Gutzkow in seinem späteren Ro=
mane „Blasedow und seine Söhne" von
dem Schicksal eines jungen Journalisten
erzählt, wird wohl als eine Mittheilung
aus eigenen Erlebnissen betrachtet werden
können.

III.

Wolfgang Menzel, der brutale Patriot und allgewaltige Kritiker der Dreißiger-Jahre, ward durch Gutzkow's Aufsätze, in welchen er dessen bedeutendes kritisches Talent sogleich erkannte, rasch für ihn eingenommen und berief ihn als seinen Partisan für kritische Feldzüge im Morgenblatte nach Stuttgart. Gutzkow reichte Menzel'n öffentlich die Hand, da er diese Verbindung gewinnbringend hielt. Menzel seinerseits nahm das für Begeisterung und wollte die frühreife Pflanze aus dem Berliner Treibhause für seine Bücherkritik dressiren. Menzel pflegte die junge Blüthe und die junge Blüthe trieb in Bälde Frucht.

Gutzkow schrieb einige kleinere Novellen für das Morgenblatt, unter diesen den „Sabbucäer von Amsterdam", dessen Stoff er später im „Uriel Acosta" dramatisch bearbeitete.

Derselben Zeit verdankten das Drama „Nero", — welches hauptsächlich durch die Behauptung Bedeutung erhielt, daß Gutzkow in demselben einen königlichen Dichter und Kunstfreund geschildert, dessen liberale Gesinnungen ihn nicht hinderten, liberale Männer seines Landes zu verfolgen, — sowie die für die allgemeine Zeitung geschriebenen „öffentlichen Charaktere" ihre Entstehung.

Die „Soiréen" enthalten außerdem die Beschreibung einer Reise durch Oesterreich und Italien, welche Gutzkow machte, ehe er in München und Heidelberg die Hörsäle der politischen und juridischen Wissenschaften besuchte, um seinen Gesichtskreis durch ernste Beschäftigung mit den Staatswissenschaften zu erweitern.

Im Jahre 1833 erschien in Stuttgart Gutzkow's erstes bedeutenderes Werk,
der Roman „Maha Guru, Geschichte eines
Gottes," d. h. des irdisch sichtbar gewordenen Gottes der Thibetaner. In dieser
glänzenden Satyre auf die damaligen Zustände, die an Swift's „Gulliver's Reisen"
erinnert, werden wir nach Thibet versetzt,
und indem uns die Sitten dieses Landes
geschildert werden, will uns Gutzkow zei-
gen, wie Alles, auch das Frembartigste,
und Das, was der menschlichen Natur
durchaus zu widersprechen scheint, durch
die Sitte geheiligt werden kann, wie also
eigentlich im Ganzen nichts feststeht, sondern Alles nur durch ein dummes Her-
kommen eingeführt ist. Er geißelt nicht
nur die steife Etikette, die fade Schmei-
chelei des Gesellschaftstons, alle jene Formen, die einen jungen Mann, der sich
frei bewegen will, so sehr beengen, sondern er zeigt auch die legitime Hahurei-

3

schaft, indem die Brüder in Thibet nur
eine Frau haben; endlich tritt ein Götzen-
fabrikant auf, der Götter macht, und der
durch die schönere Gestaltung derselben die
blinde Wuth einer orthodoxen Priesterschaft
erregt, welche ihn deshalb tödtet.   Den
Gipfel aber bildet Maha-Guru, der Dalai-
Lama, der Gott ein Mensch, um den sich
die Geschichte dreht, und mit dessen Ab-
setzung sie endet, indem ein anderer Mensch
Gott wird durch Intrigue.

Alles dies wird in schneidiger Sprache
mit Beziehung auf unsere Gesellschaft,
Familie, Priesterschaft und Religion in
drastischer Weise ausgeführt.

Menzel, vom Glanze des seltenen
Scharfsinns geblendet, streute diesem Romane noch den duftigsten Weihrauch und
rühmte, daß sich in demselben die Kunst
Tieck's und die von Steffen's vereinige.

Bald sollte er anderer Ansicht werden
und Unrath und Empörung wittern. Mit

dem zweiten Platze, den ihm Menzel bei
seinem Literaturblatte anwies, nicht mehr
zufrieden, trennte sich Gutzkow von der
Stuttgarter Lärmtrommel und verband sich
in Frankfurt am Main mit Duller zur
Herausgabe des „Phönix", der in seinem
belletristischen Theile von Duller, in seinem
kritischen von Gutzkow redigirt wurde.

Menzel stieß ihn wie einen treulosen
Bedienten von sich, nachdem er ihn doch
wie einen Sohn geliebt. Aber Gutzkow
hatte sich bei Menzel fühlen gelernt, um
auf eigene Faust einen kleinen Terroris-
mus zu versuchen.

Das Jahr 1830 machte seine Schwin-
gungen durch Europa, ein jugendlicher Geist
hatte sich der Gemüther bemächtigt, von
allen Seiten waren Talente literarisch in
die Schranken getreten. „Der öffentliche
Geist," sagt L. Schücking, diese Zeitperiode
schildernd, „wachte aus dem Schlummer
auf, ein Drang nach Leben, nach Be-

wegung, nach der That wurde fühlbar,
die erregten Geister drängten sich über die
Schwelle der neuen Aera, deren Thore die
Donner der drei heißen, glorreichen Tage
aufgesprengt hatten; die eine Säule dieses
Thors war ein neues politisches, die andere ein neues sociales Princip, dreifarbig,
regenbogenroth wölbte sich oben der große
Name: Freiheit! darüber. In dieser Bewegung sah man mit Staunen, wie weit
zurück hinter dem öffentlichen Geiste, hinter
den politischen Thatsachen die deutsche
Literatur von damals sei — weibisch,
kindisch, entnervend, eines männlichen
Volkes unwürdig. Eine andere sollte an
ihre Stelle treten: in die Furchen, welche
Menzel's kritischer Pflug aufgerissen hatte,
sollten die Fruchtbäume einer neuen Zeit
gepflanzt werden. Woher den Samen dazu
nehmen? Woher die Keime eines neuen
Aufwuchses von kräftigen Stämmen nehmen,
die nicht allein für ewig das geile Gewächs,

das sich in den Tagen der politischen
Stagnation erzeugt hatte, erdrückten, sondern aus deren Holz der Bau der neuen
Sion gezimmert werden könne? H. Laube
glaubte diese Keime beim Studium älte-
rer Schriftsteller zu finden; er sah bei
Göthe, Fr. Schlegel, Heinse, Woltmann,
Schleiermacher die Punkte angeregt, welche
das junge Deutschland großentheils nur
amplificirte. Heine mußte sich schon aus
originellem Widerspruchsgeist zur Opposition wider die herrschenden Theorien in
Schule und Kirche gedrängt fühlen, zu-
dem wirkten die von Frankreich kommen-
den Einflüsse auf ihn zunächst ein. Gutzkow
hatte nicht allein Laube's Studien gemacht,
er hatte Alles studiert: Theologie in Berlin,
wo er als Candidat predigte, dann Philosophie, später in München und Heidelberg
Rechts- und Staatswissenschaften. In
seinem Kopfe gährten, wie er selbst sagt,
die erstickten und gebundenen revolutio-

nären Kräfte, die neue sociale französische
Philosophie, die Lamennais'sche Verbindung
der Religion mit der Politik, die Grundzüge einer neuen Gesellschaft durch den
St. Simonismus, Rahel, Bettina, das
Geschick der Stieglitz u. s. w. Aehnliche
Einflüsse machten sich in den Andern geltend, und so kam es, daß ungefähr zu
gleicher Zeit in Deutschland einige Bücher
erschienen, deren Gedanken in auffallend
ähnlicher Richtung segelten, weniger vom
Steuer einer gereiften, überlegenen Intelli-
genz als vom Winde der Zeitstimmung
gelenkt."

Der Widmungsinschrift von Wienbarg's
ästhetischen Feldzügen dankt diese Literatur-
bewegung den Namen des „jungen Deutschlands." An seiner Spitze standen vor-
züglich Heinrich Heine, Laube, Wienbarg,
G. Kühne, Mundt und Gutzkow.

Eine vorher besprochene eigentliche
Verbindung, wie die Polizei der dreißiger

Jahre vermuthete, bildete das sogenannte
junge Deutschland nie, seine Glieder
waren nur darin eins, daß sie alle nach
einem und demselben Ziele strebten, näm=
lich durch ihre Schriften für die Einheit
und Freiheit Deutschlands wirken wollten.
Allerdings folgten sie dabei nicht selten
destructiven Tendenzen auf staatlichem und
moralischem Gebiete, zuweilen auch solchen,
welche sich von einer gesunden Vernunft
nicht rechtfertigen lassen.

Gutzkow trat zunächst durch die Ver=
öffentlichung der Briefe Schleiermacher's
über Schlegel's Lucinde in die Reihen
des jungen Deutschlands und verletzte da=
durch das Pietätsgefühl, das in tausend
Herzen für den großen Theologen lebte,
nebenbei auch die geistliche Standesehre
auf das empfindlichste; die Vorrede, die er
selbst dazu schrieb, machte das Uebel noch
ärger. Heute sind die in dieser Vorrede
entwickelten Ansichten, daß die wahre Ehe

nur die Liebe stifte und daß die priesterliche
Einsegnung ganz unwesentlich sei, überwundene Standpunkte; damals verletzten
sie auf das tiefste. Um so mehr, da
Gutzkow zu diesen Auseinandersetzungen
gegen die Sittlichkeit der Ehe noch die
Anklage schleuderte, daß sie, nachdem das
idyllische Stillleben der Liebe verloren ge-
gangen sei — nur ein Produkt des gemeinen sinnlichen Bedürfnisses darstelle.

Eine Fortentwicklung dieser Ideen
war der in Mannheim veröffentlichte
Roman: „Wally." Wie dieser Roman hin-
terher erklärt worden ist, soll er „die reli-
giöse Rathlosigkeit der Zeit malen, die
Entzweiung der aufgeklärten Reflexion mit
dem positiven Offenbarungsglauben und
die Vernichtung des weiblichen Gemüths
durch den Zweifel, den zu ertragen oder
durch ein systematisches Denken zu über-
wältigen es nicht gemacht ist," die Kritik
und das Publicum urtheilten aber anders;

hier wie dort erklärte man Wally für einen Angriff auf Religion, Sitte und Familie, der um so schonungsloser zu behandeln sei, als er, wie die flüchtige, kecke Behandlungsweise des Gegenstandes zeigt, nichts als Scandal bezwecke. Hatte der Verfasser dieß wirklich bezweckt, oder hatte er nur Anschauungen ausgesprochen, welche der Selbstmord der Charlotte Stieglitz, einer Frau in ihm angeregt, die sich ihrem Gatten opferte, um ihn durch ihren Selbstmord zum Dichter zu begeistern, zu einem Sänger mit tragischem Geschick zu machen und ihm schon im Voraus gleichsam den Lorbeer durch ihren Tod zu gewinnen: jedenfalls erreichte er einen ungeheuren Scandal, der sich aber nur gegen ihn richtete.

Sonderbar genug, daß dieß möglich war, daß Ideen über die Emancipation der Liebe, wie sie schon am Ende des vorigen Jahrhunderts von Pigault le

Brun in seinem Roman: „das Faschings-
kind“ behandelt wurden *) und Ansichten
über das Christenthum, welche in dem
„Leben Jesu“ von Strauß mit unan-
fechtbaren Beweisen festgestellt sind, solchen
Lärm im Gewande des deutschen Romans
erwecken konnten.

Menzel schüttete in seinem Literaturblatte (1835, N. 93 und 94) in einer
in ihrer Weise einzig dastehenden Kritik
den ganzen Kübel seiner unflätigen Jauche
über des abtrünnigen Schülers Haupt.
Wie ein Anfall von Wahnsinn erscheint
dieser maßlose Angriff, dessen Vignette ein
Blitze schleudernder Zeus zierte, und auf
welchen Stockprügel die einzige richtige
Antwort gewesen wären. Statt ihrer ant-
wortete Gutzkow seinerseits mit scandalösen
Anekdoten aus seinem Privatumgange mit

---

*) Dieser Roman ist von Mylius in's Deutsche
übersetzt und in Berlin bei Christian Friedrich Himburg
1800 mit Chodowiecki'schen Zeichnungen in Druck erschienen.

Menzel, wie Menzel unflätige Reden ge=
führt, gemeine Späße gerissen u. s. w.,
und diese gegenseitigen Artigkeiten ergaben
für das unbetheiligte Publicum das amu=
santeste Schauspiel.

Wie Menzel's Angriffe weiter unter
dem heuchlerischen Deckmantel des Patrio=
tismus, der Religion und Moral eine
Denunciation gegen das junge Deutsch=
land wurden, wie diese zahllosen Aufsätze
und Flugschriften einen Krieg auf Tod
und Leben bildeten, bis endlich der preu=
ßische Regierungsrath Tschoppe jene höchst
originelle Maßregel erfand, welche alle
schriftstellerische Vergangenheit und Zukunft
des jungen Deutschlands, da sie doch nicht
eingesperrt werden konnte — verbot, ist
zu unerquicklich, um es ausführlicher zu
erzählen.

IV.

Als der Lärm wegen des „jungen
Deutschlands" aufkam, schrieb der Fürst
Metternich über die neue Erscheinung an
Varnhagen von Ense und ersuchte ihn um
einige Auskunft, er selbst wisse nicht recht,
was er aus der Sache machen solle.
Varnhagen beruhigte den Fürsten; vor
allem sei an nichts Politisches dabei zu
denken, an keine auch nur entfernte Aehnlichkeit mit dem „jungen Italien," die Sache
sei rein literarisch, und auch auf diesem Gebiete ohne eigentlichen Zusammen-
hang. Was aber das Moralische betreffe,
so habe man freilich über manche Schil-
berung den Kopf zu schütteln; indeß er-

innere er sich seiner Jugendjahre, wo die berüchtigte Lucinde von Friedrich Schlegel erschienen sei, die auch großen Lärm gemacht, doch keine Verfolgung erlitten habe; allerdings sei gegen diese Lucinde die jetzt getadelte Wally von Gutzkow nur ein unschuldiges Kind, wenn er aber bedenke, daß er den Verfasser der Lucinde später als österreichischen Legationsrath in Frankfurt beim Bundestage und mit dem päpstlichen Christus-Orden geschmückt gesehen habe, so dürfte er mit gutem Fug hoffen, daß die Mitglieder des jungen Deutschlands, bei ihren entschiedenen Talenten, auch ihrerseits in der Folge zu ehrenvoller Anerkennung und Auszeichnung gelangen würden.

Nach 19 Jahren, als Gutzkow Ritter des weißen Falken-Ordens wurde, ging diese Prophezeiung Varnhagen's von Ense allerdings theilweise in Erfüllung, damals aber, im Jahre 1835, waren die Auspicien

noch nicht so günstig. Mit dem Verbote
des Romans und der Unterdrückung eines
mit Wienbarg beabsichtigten Zeitungs-
unternehmens, der „deutschen Revue", war
die Sache noch nicht abgethan.

Der Groll, der sich am meisten gegen
Gutzkow richtete, hatte mit dem allen
noch nicht genug, es mußte noch eine
Criminaluntersuchung dazu kommen.

Gutzkow lebte damals in Frankfurt
am Main, unmittelbar unter dem Da-
moklesschwert des Bundestages. Weil der
Roman in Mannheim erschienen war,
wurde er von den badischen Gerichten in
Anklagestand versetzt und „wegen der
durch die Presse begangenen verächtlichen
Darstellung des Glaubens der christlichen
Religionsgesellschaften" zu dreimonatlicher
Gefangenschaft verurtheilt.

Das Verbrechen kann indessen nicht
ganz vorgelegen haben, sonst würde der
berühmte Kirchenrath und Theologe Paulus

in Heidelberg nicht, wie er gethan, zu Gunsten Gutzkow's geschrieben haben.

Wäre Gutzkow auf die ihm von den Frankfurter Behörden insinuirte Vorforderung nach Preußen zurückgekehrt, so erwartete ihn dort entweder kurzweg eine Auslieferung nach Baden, oder, wenn er sich hätte in contumaciam verurtheilen lassen, eine Abbüßung der verhängten Strafe in Berlin, seinem zuständigen Wohnorte, denn die Regierungen hatten damals nur ein einziges Ziel, das sie unter einander solidarisch verband, die Unterdrückung jeder für revolutionär erklärten geistigen Neuerung.

Aufgeregte Freunde stürzten in sein Zimmer und riethen ihm, dem Beispiele Börne's und Heine's zu folgen und nach Frankreich zu entfliehen. Eine soeben in Frankfurt geschlossene Verlobung mit seiner späteren Gattin Amalia Klönne und die Vergegenwärtigung eines völligen Bruches

mit allen heimischen Verhältnissen, welcher
eine Folge dieser Entweichung hätte sein
müssen, bestimmten ihn, sich in sein Schicksal zu ergeben und sich zur Ladung der
großherzoglich badischen Gerichte in Mannheim einzufinden.

„Ich eilte," erzählt Gutzkow selbst, „noch
ehe das Urtheil gefällt war, nach Karlsruhe,
um den damals gefeierten Minister Leopold's
„„des Bürgerfreundlichen"", den „„biedern
Vater Winter"", Excellenz, um die Ver-
günstigung anzugehen, mich nicht früher
festsetzen zu lassen, ehe nicht ein Urtheil
erfolgt wäre."

„Vater Winter" empfing den 24jäh-
rigen Inculpaten als ein echter Bürger-
minister im Schlafrock, mit der dampfen-
den Pfeife im Munde; der stattliche Meer-
schaumkopf zeigte bereits jenes Tiefdunkel-
braun einer grünlichen Durchgerauchtheit,
das Rohr war kurz, das Mundstück von
Bernstein. In dem engen, düstern Zimmer

glaubte man das Studierzimmer eines
Gelehrten anzutreffen, die Bürgerexcellenz
war eine mittlere, gedrungene, magere Ge=
stalt. Rauchend und gelassen hörte sie
Gutzkow's Gesuch und ging dann in dem
engen Raume auf und ab, erklärend, den
ganzen Anlaß in seinen Einzelheiten nur
obenhin zu kennen. Auf einen proviso=
rischen Chef der Justiz verweisend, sprach
sich Vater Winter verdrießlich genug, durch
die Tabakswolken hindurch, dahin aus:
„Ich kenne noch gar nicht das Buch selbst
und gestehe Ihnen, daß wir nur deshalb
mit einer Beschlagnahme vorgegangen sind,
weil eine Recension im Stuttgarter
„„Morgenblatte"" uns darauf aufmerksam
machte; die Sprache in dem Blatte ist so
maßlos heftig, der Recensent ruft aus=
drücklich alle Regierungen auf, einem herein-
brechenden Verderben zu steuern, daß wir
deshalb in Mannheim haben reclamiren
müssen. Nun erlaubt aber die Verfassung

4

keine Beschlagnahme, wenn nicht ein ge-
richtliches Verfahren damit verbunden ist.
Gehen Sie übrigens getrost nach Mannheim! Ich glaube nicht, daß man Ihnen
schon eine Untersuchungshaft verhängen
wird."

Nichtsdestoweniger wurde Gutzkow,
kaum in Mannheim angelangt, hinter
Schloß und Riegel gesetzt.

Als Gutzkow später der Sammlung
seiner Schriften (12 Bände 1846) auch
die Wally unter dem Titel: „Vergangene
Tage" einverleibte, wiederholte ein pieti-
stisches Ministerium in Preußen das Verbot, aber weder der Bund noch sonst deutsche Regierungen schlossen sich dem schon
veralteten Brauche an, die Literatur durch
die Polizei verbessern zu wollen.

In dem Aufsatze: „Vergangenheit und
Gegenwart" theilte Gutzkow über die
Zeit der Entstehung der Wally und der
„Vorrede zu Schleiermacher's Briefen über

die Lucinde" aus seinem Tagebuche Folgen=
des mit:

„Tendenz ist es nicht, die mich Wally
schreiben ließ. Mein Gemüth mußte Frie=
den haben, die letzte Anstrengung, wie
eine vulkanische Eruption, mußte ihm noch
einmal vorangehen, St. Simonismus,
Wiederherstellung des Fleisches, junges
Deutschland: kenne von dem Allen nichts,
kenne mein Herz nur, mein Leben, meine
Todten . . . . Strafbar ist es vielleicht,
seine Gemüthsumwälzungen öffentlich in
Scene zu setzen; strafe man mich! Aber
meine Zukunft mache mir Niemand un=
möglich! . . , fühlen werd' ich minder hart,
minder dornig, denken aber und forschen
nach wie vor."

Und an einer andern Stelle dieser
„Gedanken im Kerker" heißt es: „Ich
stehe allein, ich trage die Schuld . . . Wo=
zu die Genossen? Ihre Freunde schürten
Haß, nicht Liebe unter uns. Hier ist keine

Tendenz, kein System, keine Verabredung.
Nur einige Männer sah ich, von denen
jeder sich einbildet, der Nation verheißen
zu sein .... Heine spricht vom „„jungen
Deutschland.““ Er denkt an die jeune
France, eine gesellschaftliche Caricatur,
eine Caricatur des Modejournals. Im
Figaro und im Vaudeville wird jene bla-
sirte Phantasterei verspottet. Ihr republi-
kanisch-doctrinäres Air mit St. Simoni-
stischen Falten und Wellenlinien gab ihm
die Veranlassung, von einer jeune Alle-
magne zu sprechen ... Parteiungen in der
Literatur sind mir zuwider : denn bei sogenannten Schulen will sich nur die Mittel-
mäßigkeit der einen auf die der andern
stützen. Wo die Verantwortlichkeit solidarisch ist, wird der Einzelne sorglos und
die Menge durchschaut Alles.“

In einem tendenziösen Gedichte scheint
Gutzkow hingegen der Idee mehr Gefallen
und auch eine poetische Seite abgewonnen

zu haben, wie die folgenden Strophen beweisen mögen:

> Und warum sollt ich's nicht
> Mit dem jungen Deutschland wagen?
> Wenn man ihm den Stab auch bricht,
> Werd' ich's um so stolzer sagen:
> Daß ich, wie im Jugendlenze,
> Deutschland's Stirn mit Rosen kränze,
> Daß ein blüthenvoller Mai
> Ihm von uns geschaffen sei!
>
> Also warum sollte ich
> Nicht zum jungen Deutschland halten,
> Da man leider sicherlich
> Früh genug gehört zum alten:
> Wenn auch eine Weltverbreitung
> Hat die Allgemeine Zeitung,
> Bin ich doch kein feiger Wicht —
> Nein! ich protestire nicht.

In der Zeit seiner Haft schrieb Gutzkow sein Werk: „Zur Philosophie der Geschichte", dessen Genesis der Verleger Hoff in Mannheim in einem sehr schmutzigen Buche besprochen, aus welchem aber hervorgeht, daß es Gutzkow thatsächlich in drei Monaten vollendet.

Es sollte eine Vergeltung an Menzel

sein und dessen Buch „Geist der Geschichte" aus der Literatur verdrängen, wie seine im nächsten Jahre erschienenen „Beiträge zur Geschichte der neuesten Literatur" die Bestimmung hatten, Menzel's „Geschichte der Literatur" dem Publicum zu verleiden.

Die erbärmlichen Angriffe Menzel's gegen Göthe gaben das Motiv zu „Göthe im Wendepunkte zweier Jahrhunderte", in welchem Gutzkow den Göttersohn gegen den schimpfenden Thersites in Schutz nahm.

———

V.

Zurückgekehrt aus seiner Haft, erwartete Gutzkow zwar die liebevollste Sorgfalt einer ihm persönlich verbundenen Familie, zugleich aber auch die peinlichste Lage für seine fernere Lebensstellung. Die Linie, auf welcher er sich allein noch sicher bewegen konnte, war die schmalste. Frankfurt's Senat, zum Ausweisen aus seinen damals noch nächtlich geschlossenen Thoren auf jeden Wink einer auswärtigen Regierung oder des Bundestages immer bereit, gestattete ihm den Aufenthalt nur mit Widerstreben, und Preußen, wohin er hätte zurückkehren müssen, war in jenen Tagen ein Land, wo schon die Kunde einer bloßen

Durchreise eines als liberal bekannten Mannes die Aufregung aller Behörden, Zwangsrouten, Internirungen, polizeiliche Aufsicht veranlaßte. Es war die Zeit der Alleinherrschaft jenes Rochow, jenes Tschoppe angebrochen, welch' Letzterer schon an Gehirnauflösung erkrankt war, als man seine Maßnahmen und Hetzjagden noch für die weisen und wohl überlegten Schritte eines seinem Monarchen nach bestem Gewissen dienenden Beamten hielt *).

Auf den Rath eines seiner Freunde bewarb er sich um die Redaction des literarischen Beiblattes der „Frankfurter Ober-Postamts-Zeitung", aber vergebens. Schlag auf Schlag machte sich damals das Schicksal seinem Nacken fühlbar, der sich zwar keinem Systeme, keiner Stellung, wo die Freiheit ausgeschlossen gewesen wäre, gebeugt haben würde, aber doch nicht

---

*) „Aus Empfangszimmern." Erinnerungen von Karl Gutzkow. Neue freie Presse. 1869 Nr. 1654—1683.

ben Trotz besaß, sich nicht in manches gebieterische Gesetz des Lebens, wie es eben ist, fügen zu wollen. Aber selbst die bescheidenste Hoffnung auf einen Sonnenstrahl der Gunst des Glückes erfüllte sich nicht.

Nach einigen Jahren schwerster Sorge, die in Hamburg verlebt wurden, zwangen ihn die damals unablässigen Chicanen mit Pässen und Heimatsscheinen, neue Anknüpfungen an die Behörden zu suchen, und so düster Deutschlands und namentlich Preußens politischer Horizont geworben war, Gutzkow folgte dem Drange, greise Eltern vor ihrem Tode noch einmal in der Vaterstadt zu begrüßen, und wagte sich mitten in die für jeden irgendwie als freisinnig bekannten Namen unmöglich gewordene, sofort den Gast ausweisende preußische Hauptstadt hinein.

Der Minister v. Rochow stand damals auf der Höhe seines Wirkens. Er

erstickte jede freisinnige, zumal constitu-
tionelle Regung. Bei seiner Ankunft in
Berlin erhielt Gutzkow den Fingerzeig,
er würde nicht drei Tage in der Hauptstadt geduldet werden, wenn er sich nicht
dem Minister vorstelle. — Der Minister
war gnädig und entließ ihn mit den
denkwürdigen Worten: „Und noch eins,
Bester! Nehmen Sie sich ja hier mit
Ihren Reden in Acht! Man paßt Ihnen
auf den Dienst!"

Die Jahre 1842 und 1846 sahen
Gutzkow in Paris, und dem ersteren kür-
zeren Aufenthalt daselbst, bei welchen ihm
St. Marc=Girardin als Führer diente,
verdankten die „Briefe aus Paris" ihre
Entstehung. Sie gehören zu dem Geist-
vollsten, was aus Gutzkow's Feder stammt,
obwohl sie mehr durch Reflexion, als
durch tiefes Eindringen in das Wesen
der französischen Nation glänzen. Gutzkow hatte Paris auch nur durchreist, nur

an einigen Punkten studiert; mit seinem
Theater, einigen Zweigen seiner Literatur,
seiner Publicistik und Kammerberedsam=
keit war er seit Jahren vertraut. Vom
höchsten Interesse sind seine Ansichten über
den Fourierismus und Communismus,
in welchen der Verstand mit dem Gefühl
Hand in Hand geht; das Bewußtsein
einer eigenthümlichen idealen Demokratie,
die Gutzkow im hohen Grade eigen ist,
drängt sich hier dem Leser auf. Gutzkow
stellt sich nicht als denkender Kopf über
die Massen, sondern mitten unter sie.
Die Aristokratie des Geistes verbindet
sich mit dem Communismus des Herzens.

Diese Pariser Briefe waren abermals
der Anlaß der heftigsten Angriffe, wie
sich denn der Scandal unzertrennlich an
Gutzkow's Ferse geheftet zu haben schien.
Außer einer lächerlichen Anklage, die in
den ihrer Zeit vielerwähnten Berichten
über den Communismus aus Zürich

gegen ihn mit der Anschuldigung laut
geworden, daß Gutzkow mit dem Schneider=
gesellen Weitling eine communistische Ver=
schwörung angezettelt hätte, soll es dies=
mal noch Heinrich Heine gewesen sein,
der, in seiner Eitelkeit gekränkt, gegen
Gutzkow wegen Verletzung des Gastrechts
— Alarm schlug. Wenn es noch eines
Beweises bedürfte über die vollständige
Unabhängigkeit des Auftretens der Männer,
die das junge Deutschland gebildet, darin
könnte sie am sichersten gefunden werden,
daß sie sich im Verlaufe weniger Jahre
sämmtlich, Gutzkow insbesondere mit jedem
speciell — auf das unerquicklichste in den
Haaren lagen.

Als Gutzkow in Paris ankam, erhielt
er durch einen Freund im Interesse des
Buches, das er dem Gerüchte zufolge über
Paris schreiben wollte, nachstehende Auf=
forderung: „Besuchen Sie sofort Heine!
Er verspricht Ihnen hiemit, Ihnen zu

Ehren ein Diner zu geben, wozu er alle Spitzen der französischen Literatur einladen will —!"

Gutzkow erwiderte dieser auf ein Heine zu widmendes Capitel seines Buches berechneten Aufforderung: „Sagen Sie Heine, daß ich ihn nicht wenig schätze und von seiner guten Absicht gerührt bin! Ich habe aber „„Das Leben Börne's"" geschrieben, habe Börne gegen die Besudelung seines Namens durch Heine vertheidigen müssen. Abgesehen davon, daß man um ein Diner, wenn auch in noch so interessanter Gesellschaft, die Standpunkte seiner Gesinnung nicht ändern wird, so habe ich auch auf die nächsten Freunde Börne's in Paris Rücksicht zu nehmen, charaktervolle Personen, die mir nimmermehr vergeben würden, wenn ich zu dem Manne, der diese Alle und sogar eine edle Frau so schmählich mit Koth beworfen hat, gehen und Champagner bei ihm trinken wollte!"

In Folge dieser Erklärung dictirte
Heine seinem Freunde Seuffert einen Er=
guß voll Bosheit für die „Allgemeine
Zeitung" in die Feder, der das Signal
für eine Reihe von Artikeln in anderen
Journalen geworden.

Indessen hatte Gutzkow unaufhörlich
mit staunenswerther Productivität ge=
schaffen. Noch unter dem Druck des
Bundestags=Verbotes leidend, schrieb er
unter dem Namen Bulwers: „Die Zeit=
genossen, ihre Tendenzen, ihre Schicksale,
ihre großen Charaktere" (1837), ein
Buch, welches die Zustände der damaligen
Zeit behandelte und vermöge der Mysti=
fication viel Aergerniß verursachte.

Fast gleichzeitig erschien ein neuer
Roman: „Seraphine", in welchem Gutz=
kow zuerst mit der Portrait=Caricatur
auftrat, einer Manier, literarisch oder
politisch renommirte Persönlichkeiten mit
täuschender Aehnlichkeit vorzuführen, die

in seinem späteren Roman: „Die Ritter
vom Geiste" ihren Glanzpunkt erreichte.

In dem genannten Romane ist es
Joel Jacobi, ein literarischer Ueberläufer,
der dem satyrischen Griffel zu der Epi=
sode des Literaten, der einem Minister
seine Feder anbietet, Modell saß.

Im nächsten Jahre erschien der drei=
bändige Roman: „Blasedow und seine
Söhne", in welchem Gutzkow mit Glück
und Geschick den Styl Jean Paul's imi=
tirte, und der auf dem Gebiete des Humors
den besten englischen Romanen zur Seite
gestellt werden kann.

Außerdem entstanden in den Dreißiger=
Jahren noch manche Fehdeschriften. Gegen
Görres zog Gutzkow in der Broschüre:
„Die rothe Mütze und die Kapuze" zu
Felde, gegen Heine in dem bereits er=
wähnten Buche: „Börne's Leben" (1840),
und noch zahlreiche Aufsätze, Novellen
und Fragmente wären zu nennen, wenn

wir eine Aufzählung der Gutzkow'schen
Schriften beabsichtigen würden. Uner=
schöpflich war seine producirende Kraft,
wie sein Wissen, welches nicht selten seine
Phantasie erbrückte und seine Feder zu
langathmigen Ausführungen verleitete, die
zuweilen das Interesse schwächten.

———

VI.

Die Nothwendigkeit, seine Familie von seinem literarischen Erwerbe zu erhalten, hatte Gutzkow längst getrieben, für die Bühnen, ein dankbares Feld literarischer Thätigkeit, zu arbeiten, überdieß drängte ihn auch sein Talent auf diesen Weg. Außer „Nero" und „König Saul", die nur als poetische Versuche in dramatischer Form gelten können, schrieb Gutzkow: „Richard Savage"—„Werner"—„Patkul"—„Die Schule der Reichen" — „Ein weißes Blatt" — „Der 13. November" — „Zopf und Schwert" — „Das Urbild des Tartüffe" — „Uriel Akosta" — „Lieslie" — „Anonym" — „Pugatscheff" — „Wullenweber"

— „Königslieutnant" — „Antonio Perez"
— „Lorbeer und Myrte" — „Ottfried" —
„Ella Rose" — „Lenz und Söhne".

Viele dieser Stücke verschwanden eben
so rasch wie sie erschienen, aber Niemand,
der die durchgreifende Bühnenwirkung der
Dramen „Uriel Akosta", „Zopf und
Schwert", „Urbild des Tartüffe" und
„Königslieutenant" kennt, wird Gutzkow's
Verdienste um die deutsche Bühne, auf
welcher er das Tendenzdrama geschaffen,
in Frage stellen können. Ja, das vielge-
schmähte Stück „Werner oder Herz und
Welt" erlebte von seiner ersten Aufführ-
rung am Wiener Hofburg-Theater im Jahre
1840—1865 56 Vorstellungen, welcher
Umstand doch ein hinreichender Beweis für
seine Zugkraft sein dürfte.

Jedes der Gutzkow'schen Stücke hatte
mit einer Opposition zu kämpfen — jedes
hatte eine Scandalgeschichte in seinem Ge-
folge, oft schon vor seinem Auftreten.

Gutzkow hatte nämlich abermals ein Journal, den „Telegraph für Deutschland" begründet, welches bis zum Jahre 1838 in Frankfurt am Main, von da in Hamburg erschien, in welchem er eine schonungslose literarische und dramaturgische Kritik übte. Sie war rücksichtslos, oft ungerecht, auch persönlich, namentlich wo persönliche Gereiztheit sich geltend machte. Dabei war der Telegraph merkwürdig durch die Organisation eines Kameraderiewesens, wie es in Deutschland noch nie dagewesen. Die ärmlichsten Gesellen, Taglöhner und Handlanger der Literatur wurden im Telegraphen gelobt, jeder kleine Dienst fand seine Anerkennung, worin Gutzkow die geschäftlichste Pünktlichkeit bewies, wogegen die tüchtigsten Schriftsteller mit ganzen Hagelwettern überschüttet wurden, wenn sie nicht zu dem Kreise der Verehrer und Freunde gehörten. Unter dem Titel: „Götter, Helden und Don Quixote" hat Gutzkow später

5*

die Quintessenz dieser seiner Kritik ge=
sammelt; in diesem Buche steht noch heute
G. Büchner, der ein confuses Drama:
„Marat" geschrieben, sich aber um Gutz=
kow's Protection bewarb (inzwischen starb
er, ohne seine Gottheit weiter zu bethätigen)
unter den Göttern, während H. Steffens,
der sich der Gunst des Telegraphen nicht
erfreute, unter den Don Quixote's steht.

Für die Unparteilichkeit dieser Kritik
mag dieses Beispiel genügen.

War nun ein Stück vollendet, so schickte
Gutzkow seine Satelliten mit Trommeln und
Trompeten nach allen Weltgegenden, um die
Bedeutung und Tiefe des bevorstehenden
Drama's schmetternd zu verkünden. Dadurch
wurden die Dichtungen mit einem Paß=
signalement versehen, das nicht immer
stimmte, und zugleich wurde der Wider=
spruchsgeist Jener rege gemacht, die den
Messias des deutschen Drama's in Gutzkow
absolut nicht anerkennen wollten.

Einer der widerhaarigsten Ketzer in dieser Richtung war Moriz Saphir. Er hat dem reizbaren und für Tadel leicht empfänglichen Dichter in seinem „Humoristen" viele bittere Stunden bereitet. Mit der Anerkennung, die er ihm — allerdings nach einer sehr scharfen Kritik — mit den Worten zollte: „Gutzkow ist unstreitig einer der reichbegabtesten, geistreichsten, scharfsinnigsten, energischesten Schriftsteller der jetzigen Literatur. Das riesige Talent in ihm hat alle Bahnen versucht, alle Phasen durchflogen, alle Vibrationen erfahren, und hat sich in allen Sphären, wenn auch nicht immer die Billigung seiner Richtung, doch stets die Anerkennung seines glänzenden Talentes, seiner genialen Darstellung und seines blendenden Styls erhalten", wollte sich Gutzkow nicht zufrieden geben. Er wollte durchaus auch von Saphir den dramatischen Lorbeer. Das war nun neuerdings die Veranlassung einer ergötzlichen

Zeitungsfehde, in welcher von beiden Seiten viel auf Kosten des Gegenparts gesündigt wurde, und in welcher Gutzkow schließlich, dem vernichtenden Witz Saphir's gegen= über, der die Lacher und den bescheidenen Erfolg der Dramen auf seiner Seite hatte, das Feld räumen mußte.

Die phrasenreiche Rhetorik ist ein überwiegendes Element der dramatischen Muse Gutzkow's und veranlaßte einen Kritiker zu der richtigen Bemerkung, daß Gutzkow's Bühnenstücke, in chronologischer Ordnung gelesen, etwa denselben Eindruck machen, wie die Lectüre mehrerer Jahr= gänge einer gutredigirten Zeitung.

Gutzkow, von einer seltenen Sensti= vität für die Tageskritik, litt unter solchem Scandal mehr als man erwarten sollte. Unter dem Einflusse der verschiedensten Urtheile über Richard Savage, verstand er sich wiederholt dazu, die Lebensfrage des Stückes: „ist sie die Mutter? oder ist sie

nicht die Mutter?" zu ändern. Am meisten
litt er unter Julian Schmidt's systema-
tischer Polemik und unter nichtssagenden
Angriffen abtrünniger Jünger. So klagte
er einst zu Alfred Meißner: „Sie kennen
ja den jungen Mann, den N. N., den
ich selbst in die Oeffentlichkeit einführte,
indem ich dessen erste Novelle — mit
welcher Mühe! — umgestaltete und so
druckbar machte. Ich finde ihn in Wien,
wo meine „„Ella Rose"" gegeben wird.
Früh liege ich noch zu Bette, in der Ab-
spannung, die einer ersten Aufführung
folgt, da bringt Jemand bei mir ein,
ich schlage die Augen auf, es ist mein
junger Mann, und er ist zu mir gekommen,
um mir zu beweisen, daß mein Stück
nichts tauge. Ja, er fühlt sich moralisch
gedrängt, mir anzukündigen, daß er darüber strenge zu Gerichte sitzen werde.
Seine Principien befehlen es ihm. So
geberdet sich die Jugend von heute!"

Eine schlechte, druckfähig gemachte Novelle rächt sich oft bis in das siebente Glied!

Der glänzendste Erfolg des „Uriel
Akosta" berief Gutzkow plötzlich als Drama-
turg an das Dresdner Hoftheater. Damit
war sein heißersehntes Ziel erreicht. Eduard
Devrient, der vor Gutzkow diese Stelle
bekleidet, hatte dieselbe niedergelegt, der
Intendant A. v. Lüttichau hatte Gutzkow
als Ersatzmann ausersehen. „Es ist nur
mein eigener Gedanke," sagte er ihm später
oft, „daß ich Sie berief, gewesen." Ich
habe ihn ohne Beeinflussung ausgeführt.
Derjenige, den man vielleicht für den
eigentlichen Anreger dieser Berufung zu
halten geneigt ist, erklärte mir im Gegen-
theile, als ich ihm meinen Plan sagte:
„„Aber wie werden Sie denn einen solchen
Mann je wieder los?!""

Das sollte sehr rasch kommen. Gutzkow's Stellung war für die Länge der
Zeit unleidlich. Er war den Regisseuren

coordinirt, nicht sie ihm subordinirt. Er
hatte nur Besetzungs-Vorschläge zu machen
und war das fünfte Rad am Wagen, der
Sündenbock, der für Alles, was dem Hoftheater mißlang, den Namen hergeben
mußte.

Bei alledem wurden für den Anfang
bedeutende Resultate erzielt.

König Friedrich August II. hatte die
Genehmigung zu Gutzkow's Berufung nur
mit Widerstreben gegeben. Die Damen des
königlichen Hofes, zwei katholische Gesandte,
die den Entschließungen der Königin nahe-
standen, hatten die Idee Lüttichau's auf's
Aeußerste bekämpft. Laube's „Karlsschüler"
und „Uriel Akosta" wurden vom Publicum soeben mit einer Aufregung aufge-
nommen, die einer Demonstration gleich
kam, und der König erklärte dem Intendanten in einem Handbillet, er würde ihm
von jetzt ab eine besondere Censur setzen,
wenn er diesen Mißbrauch der Bühne
länger fortdauern ließe.

Die Güte und Liebenswürdigkeit der Gattin des Intendanten schrieb an Gutzkow: „Um Alles, begegnen Sie heute nicht meinem Manne!" Gutzkow vermied den auf's Aeußerste gebrachten, vom Unwillen seines Monarchen hart getroffenen Hofmann, und schrieb ihm, daß er bei so offen kundgegebener Abneigung Seiner Majestät keinen Einfluß auf sein Personal gewinnen könnte, und begehrte seine Entlassung.

Darüber entstand eine neue Verwirrung.

Inzwischen übernahm Prinz Johann, der gegenwärtige König, eine Revision des Gutzkow'schen Textes. „Uriel Akosta" wurde nach einer Pause von mehr als 14 Tagen wieder zugelassen, unter der im Allgemeinen milden Bedingung, daß statt des Wörtes „Priester" überall „Rabbiner" und für „Glaube" immer ein anderer Wortbehelf gesucht werden mußte.

Der Intendant wurde vor Aufregung über diese Vorfälle krank. Mitten im Winter ging er nach Teplitz, um warme Bäder zu nehmen. Gutzkow wollte mit „Valentine" debutiren, hatte die Rollen schon zum „Signiren" bereit gelegt, einige Bedenken erregende Stellen (das Einsteigen eines Fürsten bei einer Hofdame) gemildert — doch erhielt er aus Teplitz den gemessensten Befehl, diese Unternehmung auf alle Fälle zu unterlassen. Eine Kritik der „Valentine" war beigefügt, die als die Ansicht eines deutschen Theater=Intendanten von Geblüt über die Literatur der Zeit gedruckt zu werden verdiente. Sie schloß: „So lange ich noch das königliche Hoftheater leite, wird dieses entschieden unmoralische, schlechte Stück nicht gegeben werden."

Als ein Jahr darauf die März=Revolution ausbrach, war die „Valentine" die erste Novität, die Se. Excellenz trotz

seines verpfändeten Ehrenwortes dem auf=
geregten Zeitgeiste zum versöhnten Will=
kommen darbrachte.

Durch die Auflösung des sächsischen
Hoftheaters in den Tagen der Mai=Re=
volution 1849 beendigte sich Gutzkow's
verdienstvolles Wirken, welches insbeson=
dere mit Rücksicht auf die Einführung und
Inscenirung Shakespeare's nicht genug an=
erkannt werden kann, von selbst.

Einen Moment lang sah ihn das Jahr
1848 auf dem politischen Schauplatz in
Berlin und dictirte ihm endlich als Er=
trag seiner Aufregungen, die ihm keinen
dauernden Platz in der Bewegung gaben,
die Schrift: „Deutschland am Vorabende
seines Glanzes oder seines Unterganges."

Gutzkow's Frau, die ihm mit drei
Söhnen nach Berlin folgte, sah ihren Mann
von den Schultern des Volkes getragen,
als ihn am 19. März Fürst Lichnowsky und
Graf Arnim=Boytzenburg aufforderten, zur

Beruhigung der Volksmassen vor dem könig=
lichen Schlosse zur lauschenden Menge
hinab zu reden — ward aber vom Anblick der
200 Volksleichen am Begräbnißtage der=
selben so erschüttert, daß sie sich zu Bette
legte und nach 30tägigem Krankenlager
— starb.

VII.

Mit den Jahren 1848 und 1849 und ihrem Verlauf trat Gutzkow's gesammte literarische Thätigkeit in das Stadium einer neuen Entwicklung. Er täuschte sich nicht über die Bedeutung der Ereignisse. „War die geistige Entwicklung der Nation bis zum Jahre 1818 eine philosophisch-theoretische, vorbildende gewesen," bemerkt A. Stifft, „so hatte Gutzkow auch die Unsicherheit, das Schwankende, mitunter der Divinations= gabe anheimgestellte, an Geschmacksrichtung und innerer Giltigkeit wohl mitgefühlt. Mit dem Jahre 1848 gelangte Gutzkow zu doppelter, freudiger Sicherheit und tüchtiger Klarheit."

Er lebte damals in Dresden — nur
durch einen Garten getrennt vom Verfasser der Dorfgeschichten, ganz seinen Arbeiten und seiner Häuslichkeit, mit einer
Cousine seiner ersten Frau, einer Tochter
des bekannten Frankfurter Buchhändlers
J. V. Meidinger vermählt, welche mit
aller Frische kindlicher Gemüthsgrazie den
Familienkreis schmückte und die blühenden
Knaben aus voriger Ehe um ein Schwe-
sterlein vermehrte, das, an Göthe's Geburts-
tag die Welt erblickend, den Namen „Clär-
chen" empfing.

Zu jener Zeit schrieb Gutzkow jenes
großartige, an Scenen und Charakteren so
reichhaltige Werk, das mit meisterhaftem
Geschick die ganze große Bewegung der
Zeit an unserem Auge vorüberführt und
zur Bewunderung der außerordentlichen
Geisteskraft anregt.

Zur Erläuterung seiner Intention sagt
Gutzkow selbst:„Die„ „Ritter vom Geiste""

sind hervorgegangen aus dem mächtigsten
Drange der Menschenliebe. In den Tagen
von 1849, in einer Zeit des Hasses und
der Verfolgung, sah sich das bekümmerte
Auge sehnsüchtig um nach den gleichen
Kennzeichen eblerer und humaner Empfin=
dung. — Die Grundlage und Voraus=
setzung einer solchen Aussöhnung, wie
der Verfasser in trüber Zeit bezweckte,
mußte der Glaube sein an das ewig
Gleichartige im Menschen, an den Wider=
klang derselben Wahrheiten in allen Ge=
müthern, an die gleiche Vertheilung des
reinen Gottäthers der Idee in allen
Herzen."

Der Grundgedanke, der aus jeder Zeile
des Romans an unsere Sinne klingt, ist
der: „Wir haben eine Zeit der Niederlage
für jede große und schöne Idee erlebt."
Zu keiner andern Zeit hätte ein solches
Werk entstehen können. Gutzkow erblickte
vor sich eine Gesellschaft, welche in müder

Erschlaffung ruhte, so still, so abgeschlossen,
so weit davon entfernt, sich zu einer neuen
Thätigkeit, die ihre Physiognomie verändern
könnte, zu erheben, als ob sie sich eigens
für den Maler drapirt und gesetzt hätte.
Der Roman enthüllt das Bild der nord=
deutschen oder vielmehr der Berliner Ge=
sellschaft von 1850, in welche er die
romantische Idee eines neuen Ritterordens,
eines mächtigen Geheimbundes für die Er=
zielung einer gesellschaftlichen Wiedergeburt
hineintrug. Man könnte ihn fingirte Me=
moiren jener Zeit nennen, denn diese strahlt
er mit einer Lebendigkeit und Treue wieder,
wie Saint=Simons, der Herzogin von Nevers
oder der Marquise von Crequy Memoiren
nicht treuer das Hof=, Adels= und Bühnen=
leben des vorigen Jahrhunderts.

Wir sehen mit diesem Romane Gutzkow
auf dem Gipfelpunkte seiner schöpferischen
Kraft. Mit den „Rittern vom Geiste"
und dem 1862 vollendeten „Zauberer von

6

Rom" gab Gutzkow der deutschen Literatur
zwei Meisterwerke, die seinen Namen späten
Jahrhunderten bewahren werden.

Noch gewaltiger ist die schöpferische
Idee des letzteren. Es behandelt die Kirche
in ihrer Totalität. Alle Phasen der Religion
treten da verkörpert in einzelnen Personen
auf. Der Dichter entfaltet die Ideen
Roms, die Ideen der christlichen Kirche.
Beide Romane verknüpft der Contrast; in
den „Ritter vom Geiste" hält Gutzkow
Heerschau über die Kämpfer für die Frei=
heit der Idee, im „Zauberer von Rom"
über die Heere, die sie knechten wollen.

Befangene haben dem Dichter den
Vorwurf einer ungerechtfertigten Vorliebe
für den Katholicismus gemacht. Es heißt
das Wesen und den Sinn des Buches ab=
sichtlich verkennen oder voll Befangenheit es
nicht durchdringen, wenn man katholische
Tendenzen darin findet; im Gegentheil, es
ist eine laute männliche Kriegserklärung

gegen Rom, die sich nur darin gründlich getäuscht, daß sie von irgend welchen, noch so großartigen und umfassenden Reformen, die ein letzter Papst, ein letztes Concil geben könnte, Rettung einer dem Untergang geweihten Religionsanschauung erwartet. Der römische Spuk hat sich überlebt, vor den Sonnenstrahlen der Wissenschaft und des Geistes flattern nur Fledermäuse und Eulen um den Stuhl des unfehlbaren Zauberers. Das letzte Concil konnte überwundene Dogmen nicht befestigen, sondern nur die Tragödie, die zwei Jahrtausende auf dem Continent gespielt, mit einer Posse zu allgemeinem Gelächter schließen.

Der „Zauberer von Rom" hatte ein kleines literarisches Nachspiel, das sich theils in den seit 1852 von Gutzkow redigirten „Unterhaltungen am häuslichen Herd", theils in anderen Journalen im Jahre 1860 abspielte.

Gutzkow ward durch mehrere Jahre

von Frau v. Gravenreuth, geb. Gräfin
Hirschberg in Wien, zum Ankauf eines
Manuscriptes, anfangs zur vollständigen
Herausgabe, später zu selbstständiger Be-
arbeitung als „Ideenmaterial" gedrängt.
Sie verlangte dafür 100 Thaler. Gutzkow
lehnte den Ankauf ab, da jedoch die Ver-
fasserin in äußerster Bedrängniß zu sein
erklärte, so gab er ihr eine seinen Verhältnissen entsprechende Hilfe. Die Dame
aber wollte kein Geschenk, sondern richtete
an Gutzkow unterm 12. Dezember 1853
die „Bitte": „Um sich für diese gütig mir
geliehene Summe bezahlt zu machen, wollen
Sie aus meinem Manuscripte irgend einen
Stoff herausnehmen zu einer Novelle oder
dergleichen."

Auf diese Autorisation hin erlaubte
sich Gutzkow, im „Zauberer von Rom"
die statistische Notiz den Memoiren zu ent-
nehmen: „Bei einer Untersuchung, die
König Max einmal in einem adeligen Töch-

terinstitut anstellen ließ, fand sich, daß fast
die Hälfte von 180 jungen Mädchen keinen
richtigen Wuchs oder Gang hatte." Die
übrigen Anschuldigungen, die darin bestan=
den, Gutzkow hätte erst nach der Lectüre
dieser Memoiren den Gedanken gefaßt, ein
Kind auf dem Streckbette zu schildern und
Paula zur Clairvoyanten zu machen, wider=
legte er dadurch, daß er aus seinen No=
tizbüchern die bereits zwei Jahre vor der
Bekanntschaft mit jenen Memoiren ent=
worfenen Grundzüge des Romans zur Ein=
sicht stellte.

VIII.

Gutzkow hatte in Dresden mit Jul. Hammer, Berth. Auerbach und Anderen die Schillerstiftung gegründet, deren Zweck es ist, verarmte oder in Noth sich befindende Schriftsteller zu unterstützen. Als ihr Generalsecretär besorgte er gegen ein Jahresgehalt von 500 Thalern ihre zeitraubenden Geschäfte, bis ihm durch Intriguen jeder Art dieses Amt gründlich verleidet wurde.

Mißhelligkeiten mit dem Vorstande der Schillerstiftung, mannigfaltige gegen ihn erhobene Anklagen, die alle darauf hinausliefen, daß Gutzkow die Schillerstiftung zu einer Sinecure und Gutzkowstiftung

umzugestalten alle Hebel in Bewegung
setze, versetzten ihn enblich in eine bei
seinem reizbaren Gemüthe fürchterliche
Aufregung.

Als er noch in Dresden wohnte, er=
zählte er einst in Gegenwart eines Freundes
bei Tische von einem Manne, der aus
Eifersucht seine Frau, seine Kinder und
dann sich selbst umgebracht habe. Gutzkow's
Gattin entsetzte sich darüber, daß der
Mann auch seine Kinder ermordet. „Das
liegt so im Volk," bemerkte Gutzkow,
„ihre Kinder sollen mit ihnen das gleiche
Schicksal tragen, sie denken, wo wir hin=
gehören, müßt ihr auch sein. Deshalb
kommt auch dieser Mord an Kindern
beim Selbstmord der Eltern sehr oft
vor." Seine Gattin bestritt dies und
behauptete, daß es in andern Fällen, in
denen bitterer Noth, aus Liebe geschehe
man wolle die Kinder nicht verwaist und
hilflos in dieser starren Welt zurücklassen.

„O, für diese Kinder würde gesorgt wer=
den, wenn sich die Eltern das Leben ge=
nommen," meinte Gutzkow, „das ist förm=
lich ein starker Klingelzug, um Leute
herbeizurufen und ihnen zu sagen: Hier
ist Noth — helft!"

„Du meinst also, daß sich dann die
Eltern nur deshalb tödten müßten, um
die Existenz ihrer Kinder zu sichern?" er=
widerte Gutzkow's Frau, „wenn es eines
solch starken Klingelzuges bedarf, dann ist es
schlimm und wird auch nicht viel helfen."

Gutzkow lachte, und das Gespräch ab=
brechend, reichte er seiner Gattin freund=
lich die Hand mit den Worten: „Nun,
wir verstehen uns schon."

Der Zuhörer ahnte damals wohl
nicht, daß Gutzkow bald selbst nach die=
sem Klingelzuge greifen würde. Und doch
ging längst durch sein Wesen eine ner=
vöse Reizbarkeit, die zu dieser Katastrophe
führen mußte.

Am 15. November 1864 kam Gutzkow
um seine Entlassung beim Verwaltungsrathe
der Schillerstiftung ein, und wiederholte
am 22. aus Amsterdam, wohin ein Ge-
schäft aus Familienangelegenheiten ihn
gerufen, sein Entlassungsgesuch. Er erhielt,
nachdem beide Schreiben sämmtlichen Ver-
waltungsräthen zum Beschluß vorgelegen
hatten, die gewünschte Entlassung, zum
31. December einstimmig bewilligt.

Trotzdem mochte Gutzkow eine Ge-
währleistung seines Entlassungsgesuches
nicht erwartet haben, und es versetzte ihn,
bei dessen unsicheren pecuniären Verhältnissen ein Jahrgehalt von 500 Thalern
eine wesentliche Zubuße war, in nicht
geringe Gemüthserregung. Am Weih-
nachtstage wurde er nur mit Mühe dazu
gebracht, in das Zimmer zu treten, wo
sich seine Kinder über den Weihnachts-
baum freuten. Und als er endlich eintrat,
rann ein Strom von Thränen über sein

Gesicht und er rang, gleichsam ein Unglück=
licher, die Hände. In dieser Stimmung erfuhr
er, daß sein Sohn gegen sein ausdrück=
liches Verbot in Bremen zur Bühne ge=
gangen war. Dieser Vorfall steigerte seine
Aufregung auf das Höchste und in dieser
Stimmung mag er den Gedanken zum
Selbstmorde gefaßt haben.

Ein Brief, in welchem er der Firma
Brockhaus anzeigte, daß er über den ersten
Band eines neuen Romans, den er zur
Drucklegung für den Anfang des Jahres
1865 in Aussicht gestellt hatte, persönlich
Rücksprache nehmen werde, zeigte Spuren
einer befremdenden Geistesverwirrung.
Kaum meldete eine neuere Nachricht, daß
er sich nach Friedberg (unweit Frankfurt)
begeben habe, um dort mit einem befreun=
deten Arzte zusammenzutreffen, als auch
schon unterm 14. Jänner aus Friedberg
selbst die Nachricht eintraf, daß Gutzkow
im Hôtel Trapp einen Selbstmordversuch

gemacht hätte. Die Aeußerungen, welche er
gethan, als man ihn blutend fand, gaben
einen Fingerzeig, welchen Vorstellungen
seine unselige That entsprang.

Gutzkow war beherrscht von der Idee,
das Opfer seiner Feinde zu sein, die darauf
ausgingen, ihn vollständig zu bemüthigen
und moralisch zu vernichten, die sogar
seinen finanziellen Bankerott vorbereitet
hätten. Es sei ihm daher nichts übrig
geblieben, als ihnen aus dem Wege zu
gehen und sich mit dem Gedanken an den
Tod vertraut zu machen, aber auch dies sei
seinen Feinden nicht verborgen geblieben,
sie hätten ihn überall hin verfolgt; so sei er
geflohen von Stadt zu Stadt, von Bam=
berg nach Meiningen, Cassel, endlich nach
Friedberg. Hier habe er sich unbeachtet
geglaubt und dies sofort zur Ausführung
seines Vorsatzes benutzt; er schnitt sich
nun an beiden Oberarmen die Adern
durch, brachte sich an beiden Seiten des

Halfes tiefe Schnittwunden bei und stieß
sich zweimal den Dolch in die linke Brust.
Das Bewußtsein verließ ihn nicht. Er erwartete eine halbe Stunde ruhig den Tod,
endlich versetzte er sich einen dritten Stich
bis an das Heft; der Schmerz, den dieser
Stich, mit dem er die Lunge getroffen zu
haben glaubte, verursachte, war ein so
furchtbarer, daß er nicht Herr über sich
selbst blieb. Er sprang auf, warf sich auf
den Fußboden, stöhnte und ächzte.

Darüber entstand Aufmerksamkeit im
Hause, und als die Besitzerin des Hotels
den Fremden im Blute schwimmend fand,
vermuthete sie einen unglücklichen Spieler
aus einer der benachbarten Spielhöllen
und ließ ihn in das Spital schaffen. Erst
nachher erfuhr man, wer der Unglückliche
gewesen.

In der Heilanstalt St. Gilgenberg bei
Bayreuth besserte sich unter der Pflege
des humanen, dort dirigirenden Arztes

Dr. Falco sein Zustand sichtlich, doch es währte Monate, ehe er von dem Hirn= gespinnste einer ihm bevorstehenden Wahn= sinnsumnachtung seines Geistes genas.

Nun trafen sowohl die Gesammt= Schillerstiftung zu Weimar, als auch der Dresdener=, Leipziger= und Wiener=Schiller= fond Verfügungen zu seinen Gunsten.

Die Romane „Hohenschwangau" (1867) und „Die Söhne Pestalozzi's" (1870), so= wie die herrlichen Aphorismen „Vom Baume der Erkenntniß" (1868) gewähren der deut= schen Nation die beschämende Beruhigung, daß der bedeutendste Schriftsteller ihrer gegenwärtigen Epoche in der entsetzlichsten Stunde seines Lebens hart am Rande des Grabes vorüber mußte, um zu neuem Schaf= fen mit ungeschwächter Kraft erstehen zu können.

IX.

Faffen wir das Bild des Mannes zufammen, wie es fich aus dem Vorfte- henden ergiebt, fo ift Gutzkow ein Talent, das an Fruchtbarkeit und Productionskraft von keinem anderen übertroffen wird. In allen Gebieten der Literatur begegnen wir ihm, und felbft feine Irrthümer waren Wegweifer zur Revifion des Berührten und dadurch Mittel zu neuen Refultaten. Wenige Schriftfteller Deutfchlands haben folches Glück erfahren und folches Miß- gefchick; wenige in folchen Jahren fo mächtig an= und aufgeregt, fo fcharf und tief in den Gedenkbaum der Gegenwart ihren Namen eingefchnitten. An feiner

Stimmabgabe hat es nie gefehlt, mag
die Frage eine theologisch = kirchliche, wie
die Kölner Angelegenheit, oder eine phi=
losophische, wie der Streit Leo's und
der Hegelingen, oder eine politische, eine
sociale oder literarische gewesen sein. Nicht
unter fremdem Einfluß mühsam gebildet,
sondern ein ursprüngliches Talent, ewig
und immer im Werden begriffen, war er
stets ganz von der Gegenwart durchdrun=
gen, nahm ihr Element, die Reflexion, in
ganzer Kühnheit in sich auf und strömte
sie in alle Gebiete des Lebens in ganzer
Gemüthstiefe aus.

Er ist sein ganzes Leben hindurch ein
unabhängiger, armer und vielfach verfolg=
ter deutscher Dichter geblieben und hat nie
aufgehört, recht eigentlich im Schweiße sei=
nes Angesichtes zu arbeiten und dem Na=
men der deutschen Nation durch die Resul=
tate seiner Arbeiten Ehre zu machen. Ja,
wäre er ein Brite gewesen, die Dankbar=

keit seiner Mitbürger hätte ihm längst die
Ehrenpforte des Oberhauses aufgethan und
ihm den Nachruhm, so gut sie vermag,
vorausbezahlt; wäre er ein Franzose ge=
wesen, Louis Napoleon hätte den Versuch
gemacht, ihn durch eine Senatorenstelle
oder andere Sinecure zu sich herabzuziehen,
aber Gutzkow kam als deutscher Dichter
mit dem Fluche auf die Welt — kein
Vaterland zu haben. In Berlin geboren,
gehörte sein Herz, sein Denken, sein Stre=
ben der deutschen Nation, und was sollte
sie ihm bieten? Doch unverzagt —.

Auf Jahre nicht capitulirt die Liebe,
Ein ungetheiltes Leben setzt sie ein!

Ende.

Druck von Carl Finsterbeck in Wien.